イベンターノートが **アニサマ** 出演アーティストに インタビューしてみました

イベンターノート | 編

アニメロサマーライブ 監修

Contents

バックヤードインタビュー

井口裕香／May'n／早見沙織／内田真礼／Minami —————— 4

8月26日（金）……井口裕香／May'n —————————————— 4

8月27日（土）……早見沙織／内田真礼 ———————————— 6

8月29日（日）……Minami ——————————————————— 8

motsu

インタビュー ————————————————————————————— 10

アニサマは僕にとっての "クラブ" だったんです ——————— 10

黒崎真音

インタビュー ————————————————————————————— 20

先輩方が築いてきたアニサマの "形" がお客さんにも息づいているのを感じます ———— 20

黒沢ともよ

インタビュー ————————————————————————————— 26

アニサマってひとつの "カンパニー" だと思うんです ——————— 26

沼倉愛美

インタビュー ————————————————————————————— 32

まず "やりきる" ことが目標でした ———————————————— 32

三森すずこ

インタビュー ————————————————————————————— 40

三森すずこの世界観を多くの人の心に引っ掛かってくれたら ——————— 40

データで探るアニサマファン

イベンターノート・ユーザーアンケート結果より ——————— 44

生の声からみたアニサマファン

アンケート・コメント欄より —————————————————— 54

読者プレゼントコーナー ————— 60

バックヤードインタビュー

井口裕香／May'n／早見沙織／内田真礼／Minami

この夏の"刻(TOKI)"3日間、アニサマのバックヤードにイベンターノートが密着。
パフォーマンスを終えたばかりのアーティストへの取材を敢行した。
ここではアーティストのセットリストとともにお届けしたい。

8月26日（金）……井口裕香／May'n

井口裕香

セットリスト
M06　Shining Star-☆-LOVE Letter
M07　Lostorage

　ソロとしては2度目のアニサマになるのですが、去年よりも遥かに体感時間が短くて、なんだかあっという間に終わってしまったくらいに充実したステージでした。
　前の出番の春奈るなさんが可憐に「Overfly」を歌われて、すっと暗くなったところで急に私の登場、という演出だったので、きっとお客さんは「次は誰だ！？」と思っているだろうし……とすごい緊張してたんですけど、私だと判った瞬間にみんなが一気にペンライトを黄色にしてくれて、わっ！と盛り上がってくれた瞬間は本当にテンションも上がりましたし、ほっとしましたね。
　今回のポイントは衣装の早着替えですね！1曲目に歌った「Shining Star-☆-LOVE Letter」は白い衣装だったんですけど、2曲目の最新シングル「Lostorage」では赤と黒の衣装。

今回のアニサマのテーマが「刻」だったので時間的な演出ということで早着替えを入れてみました。しかも「Lostorage」はフルサイズでは初披露の曲だったのでみんなが乗ってくれるかも心配だったんです。アニサマのスタッフさんた

ちに「初披露って緊張するよね！」って言われるたびにどんどん緊張してしまって。でも、アニサマに来てくださっているお客さんは猛者たちなので（笑）、安心して初披露に臨めました。ただそういう場だからこそ生半可な気持ちでは負けてしまうので、曲紹介の時に「バトルの準備はいい？」ってセリフを言うようにしたんです。作品の内容と絡めたというのもあるんですけど、戦う気持ちというか、みんなの応援してくれるパワーに負けないぞ！っていう気持ちで歌わせていただきました。

　アニサマは歴史があるフェスであると同時に憧れの場所だと思います。アニソンのレジェンドの方たちが造ってきた空間だからこそそのスペシャル感をお客さんと共有できたらと思います。

May'n

セットリスト
M20　Belief
M21　ヤマイダレ darlin'
M22　ノーザンクロス〜ユニバーサル・バニー
　　　〜射手座☆午後九時 Don't be late〜ライオン

　やっぱり2年ぶりのアニサマということで、みんなどう迎えてくれるかなと緊張しました。特に今回、メドレーでマクロス・フロンティアの曲をアニサマでは本当に久々に歌わせて頂いたので。

　最初の「ノーザンクロス」は、2008年にアニサマ初出演の時に歌った曲なので、その時の感覚が蘇って来て「あの時めっちゃ緊張してたな、この光景を見てすごい高まったな」とか、本当に初心に帰る気がしたステージでした。

　このメドレーは演出を手掛けている齋藤さん

（プロデューサー）が是非にと言ってくださったんです。こういうイベントでリクエストして頂けるっていうのは本当になかなかない事ですし、今回「刻」というテーマを踏まえて「時を超えて愛される曲だと思うんです」っていう事をすごく熱く語って頂けて。そういう風に思ってもらえるようなパフォーマンスをしなきゃ！と思って私もこの8年の時をかみしめながら気合を入れて歌いました。

今日のセトリでは「Belief」と「ヤマイダレ darlin'」それからマクロスメドレーと本当にそれぞれジャンルが違う、色んな表情をお届けできる曲だなと思ったので、全ての自分の「May'nってこういう人なんです！」っていうのを出し切りたいなっていうのは意識していたところですね。「ヤマイダレ darlin'」はスクリーンの映像をポップに可愛く作って頂けたのでちょっとコミカルな感じをダンサーとも意識してステージングしました。

またこうやって2年ぶりにアニサマのステージに立たせてもらえることはとても嬉しく思いますし、普通に考えたら8年前の曲をイベントで歌うという事は決して当たり前ではないと思うんです。本当に大切な曲と出合えたなって思いましたし、全ての曲との出会いを幸せに思いました。これからもマクロス・フロンティアのナンバーをずっと大切に歌い続けて行きたいなと思っています。

8月27日（土）……早見沙織／内田真礼

早見沙織

セットリスト
 M10 やさしい希望
 M11 ブルーアワーに祈りを
高垣彩陽×早見沙織 feat. 佐藤純一（fhána）
 M29 Komm, süsser Tod～甘き死よ、来たれ

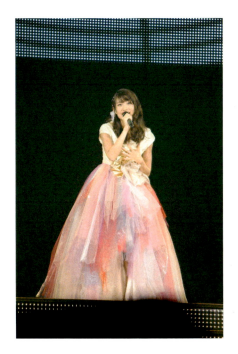

初めてのアニサマでしたが、お客さんがとても温かくて。毎回ライブでは緊張するんですけど、そんな気分をリラックスさせてくださるような温かい雰囲気で、楽しく終えることができました。

セットリストは全体の流れも考えながら、やっぱり1曲は耳馴染みのある曲を入れようということでファーストシングルの「やさしい希望」を歌わせて頂きました。初めての方には「こんにちは！」というご挨拶の意味合いも込めて歌いました。2曲目は「ブルーアワーに祈りを」を歌わせて頂きました。これは1曲目で歌いました「やさしい希望」のカップリング曲で、知らない方も大勢いらっしゃると思うんですが、テーマが「人と人の絆」を歌っている曲なので、皆さんとつながれたらという思いを込めて歌いました。

アニサマはお客さんが熱くて一体感がありますよね。お客さんが「アニサマ」っていうイベ

ント自体を一緒に盛り上げて行こう！みたいな一体感がすごくありました。

内田真礼

セットリスト
　M35　創傷イノセンス～Resonant Heart
　M36　ギミー！レボリューション

　リハの時に実は「今までになく緊張している！やばい！大丈夫かな…」と思ってたんですけど、本番になるとたくさんのお客さんがいるじゃないですか。すごくパワーをもらってめちゃめちゃ楽しかったです。
　アニサマは夏の大きなイベントということで、熱気がやっぱりすごいなって思いますね。さいたまスーパーアリーナっていう会場で、みんながこの時間を一生懸命に「この夏を満喫してやる！」っていう思いが伝わってくる感じがあるなと思っていて。今年は「刻」と言うテーマで時間を超えて1年間の時を経てやってきたことをここで発表する場にもなるなと思って、すごく気合が入りましたね。
　今回の衣装は、7月にファーストライブのDVDとブルーレイが出て、そのパッケージがカラフルで印象的で、アルバムも「PENKI」というタイトルでずっとカラフルな色というコンセプトだったので、衣装でもそんな風にやりたいなと思って。すごく私のイメージ通りの衣装になったのでお気に入りですね。
　デビュー曲の「創傷イノセンス」は去年は歌わなかったんですけど、やっと歌えた！っていう感じがすごくあって。待機している時に曲が始まって、お客さんたちの声が聞こえたんですよ。「"創傷"かもしれない！」みたいな。その音が聞こえて「待ってくれている！」と思ったらパワーが出て。この曲の決めセリフを「私の"刻"は私が決める」って歌詞を変えたんですけど、そこがうまくいかないと私のパートは失敗してしまう！と思っていたので、きっちり決まってすごく良かったです。そこからの2曲はとにかく楽しく出来ましたね。
　ライブでは、初めて会う方にも一緒に楽しい時間を過ごしてくれたらいいなと思っているので、今日も一緒に「レスキュー！」って声をかけてくれたりとかコール＆レスポンスで声を一緒に交わしたりすることで、今日しか作れない夏の一つの思い出になってくれたらいいなと思います。

8月29日（日）……Minami

Minami

セットリスト
　M20　Patria
　M21　時すでに始まりを刻む

8　バックヤードインタビュー

　今年のアニサマは2年ぶりの出演でした。一昨年までずっと出演していたし、アーティスト活動もデビューしてからずっと全力疾走で。去年は出演しなかったのですが、その分この2年間で自分をしっかりみつめ直すことができたので、結果的に良かったのかなと思っています。
　今日一番にテンションが上がったのは飯塚昌明さん、瀧田イサムさんとパフォーマンスできたことですね。またいつか一緒のステージに立ちたいです。
　この赤い衣装をすこしでも近くで見て欲しかったし、ファンの皆さんにずっと会いたかったのでMCの時にセンターステージに行ったんです。ファンの皆さんの近くでエネルギーを貰いたくて。この衣装もジャケットの色と合わせていたり、みんなで食事をしながら「背中を大きく開けてみよう！」とかアイディアを出し合ってこだわって創ったものですし。
　アニサマのスタッフはいつもの顔ぶれで、安心してパフォーマンスすることができました。考えてみれば当然なんですけど、アニサマは1回出演しないと2年間空いてしまうんだということにリハーサルで改めて気付かされたんです。でも出演してなかった間も「空白」とは思っていないです。「白」は透明じゃないので。

motsu

インタビュー

m.o.v.e、ALTIMA だけでなく "シクレ番長" として
数々のパフォーマンスを繰り広げてきた motsu に聞く
アニサマとの motsu の 10 年ストーリー

アニサマは僕にとっての "クラブ" だったんです

——motsu さんは 2007 年から途切れなくアニサマには出演されています。まずその 10 年間を振り返ってみたいのですが、2007 年は m.o.v.e で初出演でした。アニサマはまだ開催 3 回目で、会場も武道館。この時のアニソンシーンは今とかなり違うと思うのですが。

アニソンシーンの規模も小さかったと思いますし、まだ「イベンター」みたいな人たちも存在しなかったというか、定義自体が無かったと思いますね。アニソンファンっていうのはいましたけど。その頃僕たちは J-POP の落ちこぼれみたいな立場でやっていましたが（笑）。

当時、出演の話があって「アニサマに出る」っていうのは知っていたんですけど、今ひとつピンと来なくて。ちょっとした楽曲関係の営業みたいな感じで、数曲演奏して……と思ってたんですね。

それで出てみたら "熱量" がとんでもない。武道館のお客さんの声がとにかくすごくて。もう「JAM Project！！ウォー！」「桃井はるこ！！ウォー！！」「m.o.v.e！シーン……」みたいで、うわ、これ "ド・アウェイ" だなあと

——そのくらいアウェイ感だったんですか？

完全なアウェイ。その状態でまず普通に 1 曲

やって、MC の時にちょっとボケというか、ちょっと "軽妙" な事を言ってみたんですね、面白おかしく。今だったら「さあ皆さん全日本腿上げ選手権の時間がやってまいりました！」みたいなやつです。普段、avex のイベントだとスベっちゃうんですけど、これがウケたんですよね。

——いつもの motsu 節で。

avex のイベントでやると「motsu、ああいうトークは辞めた方がいいよ」とかって言われるのに、これがなぜかすごく良かったみたいで。あれ？みんなこういうの好きなの？好きだったらいっぱい引き出しあるけど？って。自分の好きな様に MC をやったらドッカンドッカンウケてくれて、腿あげだったり、ラップしながらブリッジしたりとかして、「ああ、この場所いいわ〜！」と思ったんですね。

それから、僕が最初に感じたのは、これは "クラブ" にすごい近いなという事。要はお客さんが "ありがたく" 曲を聴きにきてるんじゃなくて、オーディエンスも表現者なんですよね。サイリウムを持って来たり、曲によって色を変えたり、自分を表現しに来てるんです。これはクラブと一緒なんです。クラブって音楽をただ聞きに来てるんじゃなくて、自分が目立ちたい、表

2007年、m.o.v.eのメンバーとしてアニサマに初登場

©Animelo Summer Live 2007/MAGES.

現したいってところだから、そこがそっくりだなと思ったんですね。多様性を楽しみに来てる、新しいクラブなんだっていうことを感じました。

　アニサマは会場にいる全員が表現者なわけです。そのうち3割ぐらいがステージ上にいて、残りが客席にいる感じで、五分五分の時もあるかもしれない。アニソンのお客さんはとにかく何かメッセージを持ってる人たちなんだな、っていうのが良く分かって、アニサマに最初出たときに「これは僕にとってのクラブだな」と思いましたね。

──とすると2008年の時には全然、マインドが違いますよね？

　すごく盛り上がりましたね。ひょっとしたら2009年かもしれないんですけど、入場の時に面白い事をしようと思って「セグウェイ」で登場しようとしたんですよ。アニソンの文脈から言ったら全然おかしいんですけどね。でもちょっとプロレスっぽい面白さというか、キッチュなことも面白いんだろうなと。

高いセグウェイを借りてきて、前日の夜から練習してたんです。セグウェイって"スピードモード"と"ノーマルモード"があって、スピードモードにすると本当にビュンビュン走るんですよ。それで練習して、完璧に登場のイメージもできていて。音がガーンと鳴ったらスピードモードでキュキュキュイーン！って登場！って。

　でもセグウェイを置いておいた間に、誰かがノーマルモードに変えてたみたいで、本番では音がガーン！と鳴ってるのになぜかトロトロトロ……って全然イメージと違う（笑）。パニックになったのを憶えてますね。

──このm.o.v.eの後半の2年間は、クラブ感であったり独自のノリであったり、アニサマをより"ホーム"にする期間だったのでしょうか。

　やっぱり"ラップ"って当時も今もなかなか見ないじゃないですか。ですから、そのイベントの中でも飛び道具として、例えばプロレスだったらミゼットコーナー、お笑いコーナーの役割をしてもいいんじゃないかという思いもありま

motsu 11

2009年のアニサマではセグウェイに乗って登場！

©Animelo Summer Live 2009/MAGES.

した。全体の中でのピエロ的な役割をやらせてもらえればいいなと思っていて、この時期はそこをアピールしていましたね。

―― 2010年は田村ゆかりさんとの「You & Me」でした。

これはサプライズだったんですよね。この前の年に水樹奈々さんと「Gimmick Game」にラップを入れる形でコラボしたんです。そこからの縁で田村ゆかりさんとトントン拍子でコラボ曲を作ることになって。

アニサマとは別に田村さんのライブを見に行ったんですよ。もちろんラップパートはバックに自分の声が流れるんですけど、ファンのみんなが全部それを憶えてる！練度が高い！ってびっくりしましたね。で、アニサマでも同じように合わせてくる！驚きました。

2010年は打ち上げでも大切な出来事があって。この時の打ち上げ会場でsat（八木沼悟志）君と「デジタルJポップをやろう！」って盛り上がったのがALTIMAのきっかけでした。

そのころm.o.v.eは徐々に路線が変わった時期で、そういうデジタルな音楽をやる人がどんどんいなくなってきていて。でも僕の中ではすごくやりたかったんですよね。それをまさに表現しているfripSideを前の年に知って、「これはいいな」って思っていたら、打ち上げの時にsat君に会って「一緒にやろうよ！」って話をしたんです。

でも、よく「やりましょう！」って話にはなるんですけど実現することは少なくて。例えばアニソンだったら、アニメのタイアップがなくちゃいけない。そこにプロデューサーの八木沼君が『灼眼のシャナ』でどうかと話をまとめてくれたんです。もちろんジェネオン（ユニバーサル）チームやワーナー（エンタテインメント）チームの皆さんの協力があってのことなんですけれどね。

MAON（黒崎真音）ちゃんもデビューしたばっかりだったんですけど、この時はアニサマつながりですごくケミストリーが起きましたね。

12　motsu

2012年の田村ゆかりとのコラボはアニサマ初のトロッコ演出

──翌年の2011年にはサプライズでALTIMA登場でした。

　お客さんみんな「ポカーン」としてましたからね。新ユニットで新曲で、そして最後にへんな三角形のポーズ。もう情報量が多すぎて訳が分からなくなって、消化不良起こしちゃったんじゃないかと思います。

──2012年もALTIMAとしての出演で、サプライズで岡本夏生さんが登場しました。

　あの方はずっとあのテンションなんですよね。「○○しなさいよ！！」って、すごいテンション。最後にステージから下がっていく時も、「下げんじゃないわよ！」って言いながら降りていく（笑）。

──この年はもう一回田村ゆかりさんと「You & Me」でコラボしているんですよね。

　この時初めてトロッコに乗ったんですよ。「motsuさん何かアイディアないですかね？」ってアニサマ側に頼まれて、色んなアイディアを出して。カボチャの馬車で、僕が馬車の馬に乗っ てお姫様が乗ってるのはどうですかね？とか。色んなくだらない事を出した結果、「カボチャの馬車みたいなトロッコ」という演出になりました。トロッコはこの時がアニサマ初で、すごく盛り上がるっていう事が分かって、ここから毎年やるようになりましたけどね。

──次の2013年はfripSideとのコラボです。

　僕も色んなステージをやってるからだいぶ記憶があやしくて（笑）。そっか、この時アニサマ出たんだ。本当にfripSideの勢いがすごくて。ナンちゃん（南條愛乃）の可憐な感じとsatくんのワイルドな力でグイグイ押して行く感じの、いい意味で水と油みたいな感じが良いですよね。これもサプライズでしたけど、この頃からすでに"シクレ番長"になってますね。

──翌年の2014年は「Fight for Real」と「Burst The Gravity」、そして「CYBER CYBER」でした。

　「CYBER CYBER」はそれまでも色んな所でちょこちょこやってたんですけど、アニソンっていうタイプじゃないし、サブ的な曲っていう扱い

motsu　13

だったはずなんですけどね。やればやるほどどんどん盛り上がって来て、アニサマではじけました。齋藤Pが「ここでいろんなユニットも出てきて、会場と一緒にみんなで"サイバー"をやるっていうのはどうですかね？」みたいに言われた時に、なるほど！そういうのありか！と思って。

——「CYBER 警報発令！」もその後はおなじみになりました。

　もう毎回訳の分からないことを言っていてね。あそこも毎回決まってないんですよ。CYBER 警報なのか、腿上げ選手権なのか、全日本なんとか選手権って言ってみたり、本当に適当なことばっかり言ってて。

——でもそれがウケる土壌が出来上がっていたんですよね。

　そうですね。クラブっぽくみんなが盛り上がるカルチャーですから。

——大きな会場では初めての「CYBER CYBER」ですね。

　「CYBER CYBER」はアニサマでは初めてですから、まだ浸透してないだろうと思ったんですよね、CYBER 警報は。

　アニソンのお客さんはみんな必ずコール＆レスポンスしてくれるじゃないですか。普段の歓声は、必ずしも100％肯定じゃなくて、その中に否定が混じってる時もあれば、何か別のメッセージも混じってる時もある。イエーイ！って言ってるんだけど実は理解してないねっていう時もあって、これは生で聴いてると分かるんです。

　ところがこの時の「CYBER CYBER」のお客さんからのレスポンスはとにかくすごくて、「あ、これはほぼ100％肯定に近いな」と思いました。一体どこで聞いてきたのかな？と思うくらいの。それまでも色んなイベントでちょこちょこやってたというのもあると思うんですけど、「これは

2015年はZAQとのコラボで登場

完全にホームで行けるな」と思いましたね。

　一緒に登場した女性グループもすごかった。Wake Up, Girls!、STAR☆ANIS、9nineですよね。カウントアップしながら、7人のWake Up, Girls!、STAR☆ANISが8人で、9nineは4人ですけど数字で9だからって感じで順に登場して。

—— 2015年はサプライズで、ZAQさんとのコラボでした。

　この時の曲（OVERDRIVER-ANISAMA Remix-feat.motsu / ZAQ feat. motsu）は、一緒にMCを担当していた番組の「アニソンクラブR」でセッションをしていて、すごく良かったんです。初期は毎週セッションをやってたんですよ。その流れを受けて齋藤Pから「アニサマ用にガラッと作り変えてやってみませんか？」って提案されたんです。

—— ZAQさんはどんな印象でしたか？

　芸達者ですよね。ニコニコ動画出身だからいわゆるニコニコオタクなのかな？と思ったら、ピアノは弾くわ打ち込みも全部自分でやる。す

げえなこの人！と思って、びっくりしましたね。ラップもすごく上手いし。

　ラップって出来るけど勘どころが悪い、って人が結構いて、リズムは良いんだけど音程がちゃんと分からない人が実は多いんです。彼女はそういうところがバッチリできてたので、「ああ、この人は何でも出来る方なんだ」って尊敬しちゃいました。まだ若いので、これからアニソン界を本当にバッチリ下支えしてくれる重要人物だと思ってますね。

　そうそう、2015年くらいからかな？ペンライトの色を変えられるようになりましたよね。で、本番直前に「もしかしたら出来るかも！」と思ったんです。観客席を色で二つに分けられないかって。

　左右で声を出すのは織り込み済みだったんですよ。こういう歌詞で左右に分かれて声出し合戦をする……っていうところまでのサプライズだったんです。でも「声出し合戦＋色を分けたらどうか？」って気がついちゃったんですよね、

motsu　15

　舞台袖で待ってる時に。
——行けるかもしれないと。
　でも、多分それまで誰もやってないんですよね。アニサマでは。相当ブッ込みじゃないですか。ハイリスク、ハイリターンだし。どうしよう……と思いながら舞台に上がって来て……やっちゃえ！と思って。ダメだったらダメだったでネタになるなと。
　いざ始まってから、僕の衣装が青っぽくて、ZAQの衣装が白っぽかったので青と白で行こうっていうのも本番中に決めたんです。「こっちは青！こっちは白！」ってビシっと格好良く言おうとしたんですけど、焦っちゃって、「えーとね、こっちは青でね〜。こっち白ね〜」って警備員のおじさんみたいになっちゃった。
　でもそれが客席に一瞬で伝わって、バーっと青と白になったんですよ！すごい！と思って。パフォーマンスしながら「このまま死んでもい

い！」って思いましたね。
——これもさっきの7対3の話で、お客さんの方が"表現者"になって。
　僕も出番じゃない時には客席で見させてもらうんですけど、見てるだけで本当に気持ちがいいじゃないですか。音と一緒に光がふわぁ〜ってうねってくる感じ。あの気持ちよさが癖になって毎年来る人もいると思うんですよね。イカとか蛍光生物みたいに。
——イカとか（笑）。光に集まる生物のように。
　自分で光るじゃないですか、深海の生物って。だから毎回ね、あれは深海の蛍光生物だと思ってます。脈動するいきものというか。
——今年はKOTOKO×ALTIMAというコラボユニットもありました。女性のツインボーカルで生まれたケミストリーはありましたか？
　「アクセル・ワールド」の曲をやろうと言った時に、彼女もsat君の曲でやってたし、仲のいい

アーティストでもあるので、ここは合体しても いいんじゃないか、と。スタッフからもそうい う話があったし、我々も「それ面白そう！」っ て、何の違和感もなくて。僕、ABBA が好きな んですよね。ツインボーカルで。

——なるほど、ABBA ですか。

そう。メンバーの立ち方が丁度 ABBA と同じ になるじゃないですか、sat 君とボーカル 2 人と 僕で。そういう意味ではすごく自分の中ではお 気に入りの感じだし、なにしろ二人とも上手い。 技術面では全く問題がないので、そういう意味 では好きなんですけど……ひとつデメリットが あって、自分がちょっと目立たなくなる（笑）。 自分の存在が 4 分の 1 くらいの、目立たないベー シストぐらいの感じになっちゃうので。それ以 外は全部良いですね。

——sat さんが KOTOKO さんのツアーに参加され たり、そういう中でこの「PLASMIC FIRE」が生ま れてきて。

そうですね。曲も「アクセル・ワールド」っ ぽさがある楽曲ですね。

でも、女の人の近い帯域の声をユニゾンで出 すっていうのは、なかなか大変なんですよ。こ こは下を削ろう、ここは上を削ろうって、やっ ぱりどこかを妥協してマイナスにしなくちゃい けないっていう苦労が相当あったと思うんです。 でも、ツインボーカルの時は絶対にそうなりま すから。面白い曲が出来たと思いますよ。

——面白いというか、すごいケミストリーですよね。 素晴らしく上手い、高級なボーカルが 2 人いる。

いやあ、もう本当に良かったですね。もう本 当にフェラーリとカウンタックみたいな感じで したね。

——その後、活動休止がアナウンスされました。

活動休止のことはアニサマのあのタイミング で話をしようと決めていて。ALTIMA はアニサ マから始まったので、アニサマで区切りをつけ るのが一番いいんじゃないかと。

当初はここでは言わずに普通にお祭り騒ぎで

終わって、その後に Web で発表すればいいだ ろうって話もあったんです。やっぱり晴れの舞 台だから、みんなを盛り下げてもしょうがない じゃん、っていう意見もあったんですよね。

でも僕が、「マイナスは僕が全部引き受けるの で、マイナスの事を言う役目をさせてほしい」 と言いました。実際盛り下がるだろうし、ネガ ティブなことだけを言うパートになってしまい ますけど、上滑りのきれいごとだけ言って終わっ てしまうと、最終的には納得できない人が多く なってしまう。腑に落ちないだろうと思ってい ました。MC も当初は「一言付け加えさせても らいました。ありがとうございました」という ような原稿だったんですけど、それはちょっと 上滑りし過ぎるので「本当に残念です」とか「本 当に申し訳ないと思っています」って、ちゃん と謝らせて欲しくて。

——受け手も腑に落ちる、ここで言っててくれたほ うが納得出来たなって思いました。

上滑りのままでもお客さんは声援をくれます。 でも、その声援の中に、えー！っていう否定の 声が混じると、こっちにも分かるじゃないです か。それが絶対に嫌だった。「よっしゃあ！行 くぞ！」みたいな気持ちになるには、マイナス に落ちて、一回バウンドしなきゃいけないって 思っていました。

——あの MC があったからこその、その後の「Burst The Gravity」の盛り上がりでした。

そうですね！次がもう無いですからね、僕た ちも本当に。ちょっと腿上げし過ぎましたね、 最後はちょっとバテてしまって。

—— ALTIMA と言えば腿上げですからね。「Burst The Gravity」は映像の演出もすごく素晴らしくて。 2014 年と対をなしていました。

そう、ふざけてない。割とふざけてない。だけ ど、ちょっとだけふざけてる所があって。2014 年は思いっきりふざけましたからね。

今回は本当に、何ていうかな……美しいコメン ト、というか。アニサマで生まれたと同時に

motsu　17

ニコニコで生まれた曲と見てもいいわけですから。最後もニコニコ的なコメントに良い感じで締めてもらいましたね。

――最後はCYBER祭りでした。

いつも通り「CYBER警報発令！」って言おうとして、あ、CYBER「最終」警報か！最終警報とはちゃんと言おう、とか考えてたんです。そうしたら他のアーティストのみんながわらわら出て来て。なんだこりゃ！って（笑）。しかも、ただ飛び跳ねてるだけだったら分かるんですけど、みんなちゃんとサンバを踏んでいて。びっくりしました。完全サプライズで、ちょっと泣きそうになっちゃいましたけどね。

――最後はALTIMAらしいお休みの形でした。

上手く締めくくれて良かったですね。アニサマで休止報告が出来て良かった、本当にそう思います。

――この10年を振り返ってみての変化はありますか？

いろんな変化があるんですけど、この10年で変わった事といえば、スタイリストさんがTシャツを色々カスタマイズするようになってますよね。スタイリストの腕自慢みたいな。Tシャツは当日もらって当日作るわけですから、スタイリストもライブ当日に勝負をしている！というか。もともとは確か、アリカさんだったかな？Tシャツを「私、Tシャツを着るキャラじゃないので、こうしちゃったのよね」なんて言って、Tシャツに自分の衣装をパッチワークみたいに一部付けた様な工夫をしていたのが始まりだったような覚えがありますね。それがどんどんエスカレートして、この一昨年くらいからすごい事になり始めたという。

――今はどこのライブに行っても多分やってますね。

あれを事前に作って置いて、それを売ればいいんじゃないの？とか思いますね（笑）。

それから音響は全然変わりましたね。本当に歌いやすくなってます。武道館の時はイヤモニしなかった人もいましたしね。さいたまスーパーアリーナに移って2年目くらいまでは、転がし（ステージ上のモニタースピーカー）だけで、イヤモニしない人も結構いました。僕もあんまりイヤモニ好きじゃないんですよ。やっぱりお客さんの声が聴きたいじゃないですか。でも全然リズムが取れなくなっちゃうので使っています。

LEDの密度も変わりましたね！昔はスカスカの"漁師の網"みたいなLEDだったのが、今は画質も良くなって。

──アニサマは他のフェス系のライブと違う点があると思うんですが、アニサマならではというとどういうところでしょうか。

創り手、特にプロデューサーの熱量だと思います。演者の楽曲もそうですけど、背景とかをとにかく全部知ってる、一番のファンじゃないかっていうくらい細かく調べ上げてる。だから、彼らが提案してくるプランの熱量がすごくて、演者とのいい感じの競い合いがあるんです。そのワクワク感を演者さんみんなが感じてると思うんですよ。普通にこの時間に出て下さいね、自由にお任せしますからっていうスタンスとは全く違う。

この曲をやると前後にこう影響してくる、とかそういう全部の流れの中での影響を含めた上での……スタディー、っていうとつまんない言い方ですけど、彼らのスタディーが凄いですよ

ね。そこに尽きると思います。

要はプロデューサー側の「目論見」ですよね。それがすごく良く分かる。こちらはその目論見に予想以上の効果を付けてあげるにはどうしたらいいのかな？っていう風に毎回思っちゃいますね。予想「以上」にしないと、僕たちの負けになっちゃうので。そういういい意味での戦いになっています。それがアニサマならではの熱量なんだとおもいます。

セットリスト
8月26日（金）
KOTOKO × ALTIMA
M38　PLASMIC FIRE
ALTIMA
M39　Burst The Gravity
M40　CYBER CYBER

---

motsu

5月22日生まれ、千葉県出身。1989年に「MORE DEEP」のメンバーとして活動を開始。1994年にはRAVEMAN、1997年にm.o.v.eを結成。アニメ／ゲームの『頭文字D』テーマソングを担当。2011年、sat（八木沼悟志）・maon（黒崎真音）とともに「ALTIMA」を結成。『灼眼のシャナ III-FINAL-』前期EDテーマ「I'll believe」、『アクセル・ワールド』後期OPテーマ「Burst The Gravity」などをリリース。2016年にはレーベルメイトであるKOTOKOとタッグを組んだ「KOTOKO × ALTIMA」を始動。アクセル・ワールド ーインフィニット・バーストーの主題歌「PLASMIC FIRE」をリリース。2016年の活動休止までシングル4枚とアルバム1枚をリリースした。

黒崎真音

インタビュー

サプライズでの登場から始まり、ALTIMA の活動休止宣言、
そしてソロと多彩なステージを繰り広げた今年の黒崎真音。
アニサマならではのコラボも多い彼女の "アニサマ" 像とは。

先輩方が築いてきたアニサマの "形" がお客さんにも息づいているのを感じます

──今年でアニサマも6年目。パフォーマンスでこだわったポイントはありましたか？

　まず1日目はサプライズで、TRUSTRICK さんとコラボで最新曲の「DEAD OR LIE」。サプライズですから皆さんにびっくりしてもらいたいということで『ダンガンロンパ』のモノクマに、イントロの部分でお客さんをワクワクさせるようなセリフを言ってもらって。PV で表現していた怪しげな世界観をアニサマにそのまま持ってこられたらいいなと考えてました。

　PV の中で（神田）沙也加ちゃんと距離がぐっと近くなって触れ合うようなシーンがあるんですけど、それも全部アニサマのステージで実現することができて、異世界に迷い込んだような、ちょっと怪しい雰囲気に皆さんを連れて行けたらいいなって考えてました。

　1日目は ALTIMA としてもステージに立ちました。とにかく "パーティー" で楽しく！っていうコンセプトで派手にやらせてもらったステージでしたね。

　私の中での "ALTIMA の MAON" はちょっと大人のお姉さんみたいなイメージなんです。曲の世界観も本当にお祭り感があってみんなと一緒にっていうコンセプトで、ステージに立って楽しくやるぞ！って。ALTIMA の方がよりワイワイ感、盛り上げるっていうイメージが強かったかな。

　ALTIMA パートのラスト、「CYBER CYBER」で出演者の皆さんがダンサーで登場する演出は事前に全然知らなくて。KOTOKO さんが出て来て下さって一緒に盛り上げて下さる──というところまでは知っていたんですが、本番では出演者の方がほぼ全員出てきてくださって、本当にびっくりして、ありがたいなとおもいました。統括プロデューサーの齋藤さんと、ステージ・プロデューサーの森田さんが "チラシ" を作ってくださって、出演者の方々にみんなで一緒に盛り上げませんか？って呼びかけてくださったのを後から知って、皆さんが愛情を注いでくださって、ALTIMA らしいすごく幸せなラストを迎えられたなと思いました。

　3日目の黒崎真音のステージは最新曲と言うよりは自分の代表曲をやらせて頂いたというステージでした。アニサマはコラボやアレンジでどんどん新しい物を取り入れているんですが、今年の黒崎真音はストレートな "アニソン" の

姿を皆さんにお届けしたいというコンセプトでした。

特にダンスで見せたいという部分もあったので、1曲目の「X-encounter」ではダンサーさんとの一体感を大事にしたパフォーマンスになりました。そして2曲目の「楽園の翼」では皆さんにじっくり聴いて頂けるように、それぞれまったく違った黒崎真音の世界観を見てもらいたいなって思っていて。

自分のライブでやっている表現を、そのままアニサマでやりたい、ストレートに直球で勝負しようっていうのが今年の黒崎真音のアニサマでのステージだったと思います。

——この6年を振り返って、思い出に残る演出や出来事があれば教えて下さい。

やっぱり一番最初に出させて頂いたアニサマが強烈に印象に残っています。アニサマにずっと憧れていたのでそのステージに立てる喜びと、すごく憧れていたMinamiさんとコラボレーションさせて頂くことができて、本当に夢のような時間でした。Minamiさんと横に並んで立って一緒に歌うことができて、人生で一番幸せだったんじゃないかっていうくらい本当に幸せなアニサマでした。

毎年、コラボレーションをやらせて頂いているんですけれど、2014年のアニサマでは、藍井エイルちゃんとのコラボで玉置成実さんの「Believe」を歌って、それをきっかけにエイルちゃんとすごく仲良くなってご飯を食べに行ったりする間柄になったんです。

彼女はすごく自然体で、本当に楽しそうに歌う子なんですよ。私は逆にすごく緊張してしまうタイプなので、ありのままに楽しく歌っているエイルちゃんとコラボさせてもらったことで、「もっと楽しんでもいいんだ」と教えてもらえました。

普段一緒に歌う機会のない方とご一緒させて頂けるのもアニサマのカラーなので、毎回いろいろな方からいいエキスやいい影響を頂いてい

ます。コラボは特に心に残りますね！

——黒崎真音流の"コラボの楽しみ"ですね。

ステージに上がって、皆さんがすごく驚いてくれる瞬間がとにかく嬉しくて。"えー！この組み合わせで！？"みたいなリアクションが楽しいんです。

コラボにも色んなパターンがあったんですけど、ハモがあるところでは二人でコーラスを組んでみたりユニゾンでガッチリ全部歌ってみたり、振り付けをちょっと合わせてみたりとか、そういうことも一つのユニットのように色々やり取りして行くのがすごく新鮮ですね。コラボ相手の皆さんが、普段どうやってステージを作っていらっしゃるのかな？って、なかなか見る機会がありませんから。

コラボの時に、その方がどういう気持ちでステージに立っているのかとか、こういう風に見せたいという気持を聞かせて頂くと、すごく刺激にもなります。自分一人では思いつかないようなことでもスッと入ってきたりするので、そういったところはすごく勉強になりました。

その中でも、TRUSTRICKとコラボした去年のステージは、ソロでもいままでやったことがないくらい最初から最後まで振付がついていたので練習もリハーサルもたくさんやりました。コラボというよりは本当にユニットという気持ちで作り上げていったので、歌だけではない息の合ったものをお届けできたと思います。

（神田）沙也加ちゃんはミュージカル等の舞台も踏んでいるので、タイミングよくこちらに目線をくれたりとか、前を向いていても視界の端で私の動きを見ていてくれたり、コラボでは勉強になりました。TRUSTRICKのお二人から学ぶことが多かったので、また一緒にやりたいという気持ちは去年のアニサマからずっとありました。

——そのコラボからは、最新曲「DEAD OR LIE」も生まれました。

畏れ多い気もするんですが、「沙也加ちゃんと

Maon Kurosaki

ちょっと似てるね」って言われることがありまして……。実際には全然似てないんですけど。好きな物や髪型だったりとか、すごく近い物がありまして、そこからコラボしてみましょう！というお話をいただいて、ステージに立たせて頂きました。

コラボ曲の「逆光のフリューゲル」は『戦姫絶唱シンフォギア』というすごく人気のある作品の楽曲ですから、やっぱり中途半端にはできないと思って頻繁に練習して。

沙也加ちゃんとも頻繁に連絡を取り合って、色々なやり取りをしながら本番まで準備していったので、それまでのコラボよりも密度のあるステージでした。終わった時の達成感が、まるで部活でコンクールに出たみたいで「夏の一大イベントが終わったね！みんなで力を合わせたね！」って終わった後に思わず抱き着いちゃうくらいで。"青春"みたいでした。

その時に「また何か一緒にやりたいね！」っていうお話をしていたので、その願いが叶って今回のシングルや今年のアニサマにも繋がりました。本当に、アニサマに頂いたご縁で今があると思っています。

——アニサマならではのお客さんの熱とか色を感じられることはありますか？

Twitterでも「タイから行きます！」とか「香港から行きます！」というメッセージもたくさんいただいて、世界中から注目されているイベントだなと感じますし、その歴史の重みはアニサマが一番ですね。出演者の皆さんも同じように感じていることだと思うし、独特の緊張感があります。まるでお正月みたいなお祭り感があるし、気合を入れてここに来る、一年の総決算です。

その出演者に選んで頂くというのはすごく光栄ですし、お客さんも「この一年、どんなアニソンが世に出てきたか」を見に来られているので、歴史が作って来たもの、先輩方が築いてこられたアニサマの形が、やはりお客さんの中に

も息づいているんだろうなという感じがいつもしています。

それを支えるスタッフの皆さんは、いつも明るく接してくださるので感謝しています。特に最終日の3日目はスタッフさんたちも「全力で今日を乗り切るぞ！」という勢いで。毎年、本番前のリハーサルでスタッフの皆さんがアニサマのテーマソングを歌われるんですよ。それをモニターで見ていると、出演者の誰よりも楽しんでいるんじゃないかっていうくらいにすばらしい笑顔で。それを見て「私も負けないくらいに楽しむぞ」と思えるんです。スタッフさんたちの愛が詰まっているイベントだなと感じる瞬間です。

——初めてアニサマを見に行ったのはいつですか？

2008年の「CHALLENGE」です。デビューよりずっと前なんですが、人生の転機でした。それまでもアニサマのことは何となく知っていたんですけど、こんなにすごい方が一緒にライブをされていること自体に驚いて。友達からチケットを譲ってもらって見に行ったのがきっかけだったんです。席は400レベルだったんですけど、お客さんの一体感とステージ上の皆さんの輝きに本当に驚きました。「こんなに美しい場所があったんだ！」って。その時「いつか自分もここに立ちたい」と感じたことは大きな思い出になっていますし、やる気をもらった瞬間でした。

——来年にはミュージカルにも出演されます。舞台への気持ちは前からお持ちだったんですか？

宝塚歌劇団が好きでよく観にいってるんですけど、「観ることが好き」ということだけでなく、ミュージカルや舞台に立つことにも少し興味が出てきて、「どんな景色が見えるんだろう？」「どんな練習をするんだろう？」って純粋に経験してみたいと思うようになっていたんです。その時にちょうどお話を頂いて、ご縁があって「英雄伝説 閃の軌跡」でアリサ・ラインフォルト役をやらせて頂くことになりました。

今年でデビュー6年になるので、本当に自分が経験したことのない、全く新しい事にチャレンジしてみたいなと思っています。

──今後の黒崎真音の目標、目指していることなどをお聞かせ下さい。

目標はアニメソングを長く歌い続けていくこと。それは大前提としてあるんですが、その中でも「いつか武道館でワンマンライブをしようね」っていう目標をファンの皆さんにはお話しています。そこに向かって真っすぐ進んで行きたい。色んな経験が自分の歌に生きてくると思うので、チャンスをいただけることはどんどんマルチにチャレンジしていきたいなと思っています。

セットリスト
8月26日（金）
M18　DEAD OR LIE（黒崎真音 feat. TRUSTRICK）
M28　PLASMIC FIRE（KOTOKO × ALTIMA）
M39　Burst The Gravity（ALTIMA）
M40　CYBER CYBER（ALTIMA）
8月28日（日）
M17　X-encounter
M18　楽園の翼

> **黒崎真音**
> 1月13日生まれ、東京都出身。2010年にTVアニメ『学園黙示録 HIGHSCHOOL OF THE DEAD』の毎話EDテーマを一人で担当し、アルバム「H.O.T.D.」でアーティストデビュー。『とある魔術の禁書目録II』EDテーマ「Magic ∞ world」「メモリーズ・ラスト」、『薄桜鬼 黎明録』OPテーマ「黎鳴-reimei-」、『ヨルムンガンド PERFECT ORDER』主題歌「UNDER/SHAFT」、『東京レイヴンズ』OPテーマ「X-encounter」、『グリザイアの果実』主題歌「楽園の翼」、『グリザイアの楽園』主題歌「刹那の果実」、『がっこうぐらし！』EDテーマ「ハーモナイズ・クローバー」「アフターグロウ」など数多くの人気アニメ主題歌を担当している。

黒沢ともよ

インタビュー

声優、そして舞台女優として
マルチに活躍する黒沢ともよにとっての
"大舞台"アニサマへの心意気を聞いてみた

アニサマってひとつの "カンパニー" だと思うんです

——今年のアニサマは、「THE IDOLM@STER CINDERELLA GIRLS（以下シンデレラガールズ）」と「北宇治カルテット」、2つのユニットで出演されました。シンデレラガールズは人数も多いですよね。パフォーマンスでここは気合を入れた、こだわった所はありますか？

　シンデレラガールズは今まで私が携わった中でも特殊なコンテンツです。まず、アイドルを演じるわけですから、ステージ上でもアイドルじゃなきゃいけない、っていう気持ちが自分の中で大きくて。

　でも私はアイドルではないので、役者として「アイドルを演じる」なら、常にアイドル"以上に"アイドルでありたいと思うんです。とことんアイドルでいることを、いつも心掛けています。

——アイドルとしてステージに立つ時に、ここは気を付けようと意識していることは？

　大前提に "アイドル" を置きたいという気持で立っていますから、「もし自分がデビューしたら」とか「この子として自分がデビューしたら、どう見せるのが一番いいのか」を考えますね。私は赤城みりあちゃんっていう元気な子を演じているので、元気な女の子が好きな人に、どういう風にアプローチをしたら響くのか。どうやったら「応援したい」と思ってもらえるのか。私がやっても本物のアイドルには敵わないのかも知れないけど、そこはキャラクターになりきって、恥も全部捨てて、アイドルを研究して真似をして行く作業です。

　AKB48さんとかSKE48さんのライブ映像を丁寧に、マルチアングル映像も含めて全部見て、アイドルがどれくらいカメラを探してるのかをすごく研究した時期があったんです。私が演じている女の子は、前のめりに元気に素直にライブを楽しむ女の子なので、カメラを見つけたら近寄るとか、無邪気な表情を見せられたら……とか、考えたりしました。可愛く見せる魅力も大事なんですけど、カメラと戯れるように楽しんでいる姿をみてもらうのも大事な女の子だと思いますから。

　どうすれば "赤城みりあ" が楽しんでいる、っていうことを感じてもらえる見せ方ができるのかなっていうのは、いつも気にしてますね。

——アニサマのように色んな観客の方がいる中でお客さんから求められている物はなんでしょうか。

　色んなアーティストさんが目当ての観客の方がいらっしゃいますけど、シンデレラガールズ

の事を"全く"知らずに来ている方って、ほとんどいないと思うんです。少なくとも漠然と「アイドルの話で、アイドルマスターの派生コンテンツの新しいものでしょ？」っていうぐらいのイメージは持ってくださっていると思うので、その範疇を守りつつとにかく元気に、っていうのがワンマンでシンデレラガールズをやる時とは違う心がけですね。

シンデレラガールズって"可愛い"以上にキャラが立ってたりするんです。それが可愛かったりもするんですけど、そこを"かわいらしい"と思えるのって、シンデレラガールズという作品にもう一歩踏み込まないとわからない。ですから、第一印象だけで全部は掴めなくても、「なんか元気な子がいたよね」って感じで覚えてもらえたらいいな、と思っています。すごい動いてる子がいたよね、とか大きな口を開けて笑ってる子がいたよねとか。でも可愛かったね、アイドルだったねって言って頂けるように、ということをアニサマでは気を付けています。

──シンデレラガールズの翌日に北宇治カルテットで出演されましたが、こちらは全く違ったアプローチになったと思います。ステージではどう組み立てて出ていらっしゃったんですか？

思考回路としては同じで、声優やアーティストさんとかも数多く出られている中で、私たちがアニメの作品を背負って声優としてステージを任せて頂く時間が５分なり10分なりある、ということに責任を持って演じるという事は大前提としたいと思っていて。

もちろんライブとして盛り上がることも大事なんですけど、そこで専門のアーティストの方々に勝負できるわけないんです。今回はセトリの前がTRUEさんで「響け！ユーフォニアム」という流れで出させて頂いたんですけど、出番が終わったあとTRUEさんに「声優！っていう根性を感じたよ！」って言ってもらえて本当に嬉しかったんですけど。

担当しているキャラクターが作品を脱して歌うのではなくて、ちゃんと演じている子たちとして説得力のある、ある意味「ミュージカル作品」みたいなつもりでステージに立ちたいなと思っています。シンデレラガールズの場合は作品の中でキャラクターが「歌を歌う」っていうシーンが存在するんですが、ユーフォニアムはキャラクターが歌わない作品です。その子たちが歌う時、キャラクターを脱して歌っているのはちょっと違うなって思っていて。もちろんそれを楽しんでくれるファンの方もいらっしゃるとは思うんですけど、じゃあ黒沢ともよがこのキャラクターの演者として選んで頂いた意味って何だろう？って考えた時に、作品の歌を歌う時にはミュージカルに出演する心構えでありたいなと思うんですよね。

──楽屋や本番前の空気感は二つのユニットで違う物なんですか？

今回は特に面白かったですね。やっぱり一日目のシンデレラガールズはトリでしたし、責任重大でした。"朝リハ"もあったし、最初から最後まで張り詰めていたというか。もちろん楽しんではいたし慣れているメンバーではあったので、この子はリラックス出来る子、この子はぎりぎりまで練習している子とか、お互いのスタンスが分かるから、楽屋も自由でした。ギスギスした感じは全然なかったんですけど、でもピンとした緊張感はいつもよりありました。

北宇治カルテットは、とにかく私以外の３人が恐ろしく緊張していて。初めてのアニサマだからということで、私も緊張はしてたんですけど、「緊張してない」っていうスタンスを３人に見せていましたね。とにかくお祭りだから、一年に一回の音楽を楽しむお祭りだから大丈夫だよ、大丈夫だよ！楽しもう！という事だけをずっと伝え続けて。

そうしたら本当にお祭りムードっていうか、リハーサルを終えるころにはだんだん緊張からハイになってきて。私以外の３人はずっとハイで走っているような感じでキャアキャアしてい

て、「女の子の楽屋」でしたね。文化祭みたいな。

——出番も早かったし、終わってからの記憶の方が鮮明ですか?

始まる前は本当にみんなの緊張をほぐすために笑わせる。ずっとそういう感じだったので、終わってからの方が確かに時間は長かったですね。

一日目はとにかく一切気が抜けなかったですから。お昼寝も出来なくて、メイクをしてもらいながらも瞳孔だけは開きっぱなしみたいな感じでしたね。

——アニサマの特別感についてお話が伺いたいんですが、演者さん、スタッフさんもそうだと思うんですけども、黒沢さんの考える他の大規模なイベントとアニサマの違う所はどんなところでしょう?

そんなにライブイベントに多く出ているわけではないのおこがましいんですけども、アニサマって形的には一見「フェス」じゃないですか。でも、一つの「作品」として大切に綿密に作られているんです。みんなで集まって一から作っているわけではないんだけど、しっかりとした大枠がバッチリと出来ていて、そこに密度の濃いそれぞれのアーティストさんが持ってくる積み木が隙間なく嵌ってる感じなんですよ。

だから、積み上がっている感じとか繋がっている感じというよりは、一見すると一枚の絵に見える、まるで別々に作った物ではないかのようなものになる事にいつもびっくりしています。だからアニサマって一つの「カンパニー」だと思うんです。

ゲネプロもあるんですけど、事前に全体像は観られないんですよね。すごく時間が長いので。最初から最後まで観られるわけではないんですけど、すごく安心感があります。普通のイベントだと、ちょっとした不安定さとか不完全さみたいなものがどうしても伴うんですけど、それが全くない「完全なエンターテイメント」だなって思います。

——それを作られているスタッフさんへのリスペクトも大きいでしょうか。

私、アニサマの現場のスタッフさんがとても大好きなんです。アニメの作品に携わらせて頂いて、その関連イベントも多いんですが、中でもアニサマのスタッフさんはいつもちょっとワクワクしてるっていうか、ドキドキしてる気持ちが伝わってくるんですよ。主要なスタッフさん全員がそうなんです。中心となるスタッフが、ということは他でもあるんですけど、アニサマはそれこそマイクを渡してくれる現場のスタッフさん一人ひとりからそういう気持ちが伝わってくるんです。

私たちを楽しませようとしてくれたりする演出とかも毎回すごくて。トロッコを動かしてくれる、もしかしたらその日しか関わらないかもしれないスタッフさんにまでその「ワクワク感」とか「いたずら心」が伝染してるんですよね。トロッコを押すときに、私達に聞こえるぐらいの声でこっそり「出発、進行!」とか言ってくれるんです。それだけでちょっとワクワクします。「みんなでこの夏の一番の悪巧みをしてやろう」っていう何だかわからないワクワク感っていうのがアニサマ独特だなと思っていて、その空気が私は好きで好きでしょうがなくて。

シンデレラガールズのリハーサルも私達主導のものと、アニサマのスタッフさん主導の2パターンがあるんです。自分たち主導だと、ある意味慎重になっちゃうんですよね。しっかり詰める、という風に。それで頭がいっぱいっていうのもありますし。

でもスタッフさん主導のリハーサルは時が経つのがものすごく早くて。何回リハーサルをやっても楽しい。スタッフさんとの間で「ねえねえ、じゃあ、こうしてみましょうよ〜」「いや、でもここは、この方が格好いいわ」「でも、それは大変じゃないですか?」「大変かもしれないけど、そっちの方が楽しそうじゃん。やってみようよ!」とコミュニケーションを取りながら、スタッフさんたちの心意気とかいたずら心も感じられて。無邪気な感じですけど、お互いを信

頼し合っているから出来る事でもあるでしょうし、お互いが応えてくれるという技術の高さの表れでもあるんだと思います。

──その特別感について他の出演者の方もお話されることはありますか？他のイベントとの違いとか。

一番違うところは一体感です。不思議なのが、アニサマで同じ日に出演すると、その後お互いに「アニサマ同じ日だったよね」って気持ちになるんですよね。ごあいさつで一瞬しか会えなくても、アニサマで同じ日になったことが"絆"になる部分が大きくて。その日一日を一緒に過ごした思いが不思議と残るんです。

大先輩でもアニサマで一緒だったりすると、ケータリングの部屋で一緒になっても意外と話が出来たり。だからってそのまま仲良くなるということはないかもしれないけど、他のイベントだったら「お疲れさまです」で通り過ぎていたのに、アニサマの熱に浮かされて「あ、今日なんですね〜」みたいに会話をしたりすることもありますね。今回もFLOWさんが同じ日だったんですけど、終演後にたまたま遭遇して、パッと見たらケータリングが無人だったんですよ。で、FLOWさんと「食べます？」って目配せして。みんながワイワイ撤収してる横でこっそり隠れて、おにぎりを食べたり（笑）。そんなことは他のイベントではないですよね。

──絆を大切に、そして一つのカンパニー感と言うのが今後のアニサマで楽しみにされているところですか？

まだソロデビューしてないのに、こんなにアニ

サマに出させて頂いているということが本当に感動でしかなくて。大きい舞台が大好きで、だから"さいたまスーパーアリーナ"って大好きなんですよ。でもなかなか立つ機会ってないじゃないですか。だから「アニサマのメンバーに今年も名前が挙がっているよ」っていわれると、いつも嬉しくて。私個人でアニサマに出演する事はないかもしれないけど、逆にソロデビューをしていないのにどのくらい出られるのか頑張りたいので、また機会があればぜひぜひ！っていう感じです。

セットリスト
8月26日（金）
アイドルマスター シンデレラガールズ
M41 M@GIC☆
M42 ミツボシ☆☆★〜∅ω∅ ver!!〜Tulip
　　〜Trancing Pulse〜S(mile)ING!
M43 GOIN'!!!!
M44 お願い！シンデレラ
8月27日（土）
北宇治カルテット
M07 トゥッティ！

黒沢ともよ

4月10日生まれ、埼玉県出身。マウスプロモーション所属。2010年、劇場アニメ『宇宙ショーへようこそ』の主人公小山夏紀役にて声優デビュー。2015年には『響け！ユーフォニアム』の黄前久美子役でテレビアニメ初主演を果たす。2016年に舞台「アイワズライト」に出演。『アイドルマスター シンデレラガールズ』赤城みりあ役、『ポッピンQ』都久井沙紀役などの作品に出演。

沼倉愛美

インタビュー

ソロアーティストとして初のライブ
その舞台としてアニサマと対峙した沼倉愛美
今年のステージから見出したものとは？

まず "やりきる" ことが目標でした

——今年は2日目と3日目、2日間連続のアニサマ
でした。この2日間の『刻』で "沼倉愛美" をどの
くらい表現できたと思いますか？

　まず2日目はプラズマジカ（SHOW BY
ROCK!!）として作品を背負ってのステージで
したから、自分がというよりもまず『SHOW BY
ROCK!!』はどういう作品で、メンバー4人がす
ごく楽しく真剣にこの作品を作っているという
ことを、曲を通じて伝えるのが役割でした。

　ユニットでの控室だったので、待ち時間もなん
だか賑やかでしたね。アニサマが初めてのメン
バーもいましたし、振付やMCの確認をしたり
しているうちに、あっという間に出番も終わっ
てしまった感じで。

　一緒にラジオをやっている竹達彩奈さんが一
つ前の出番だったり、最後のテーマソングの時に
は立ち位置を同じく『SHOW BY ROCK!!』に出
演している早見沙織さんの近くにしてくださっ
たり、アニサマ側の気遣いも嬉しかったです。3
日目も頑張らなきゃ！って気持ちになりました。

——3日目と2日目との違いはありましたか？

　2日目のユニットでの出演というのは、言っ
てしまえばこれまでやってきたことに近い、自
分がよく知っている感覚だったんです。誰かと

一緒にチームとしてパフォーマンスをするのは
"慣れている" ところがあったので、ちょっとだ
け気が楽だったかもしれません。キャラクター
として作品を表現するということについては得
意だと自分の中で思っていましたから。

　3日目は心配、というより不安が大きかった
ので、まずは "やり切る！" というのが大きな
目標でしたね。ソロという今までに経験のない、
自分自身を表現しなければいけないステージで、
それは今まで自分では苦手だと思ってきた分野
だったので。

　なにしろまだCDが発売されていない状態だっ
たので、フルで曲を聞いたことがあるお客さんが
いないわけです。そんな中で、色んなアーティ
ストさんが繋いできたアニサマの熱いステージ
の空気を冷ましちゃいけない。お客さんが夢中
になって盛り上がっている中、その夢を覚まさ
せずに、そのままきちんと次のナノさんに繋が
なければいけない。それが一番強く考えていた
ことでした。

　ですから、3日目は出番までの間もすごく計
算していましたね。ストレッチを何時くらいか
ら始めようとか、何時くらいにメイク直しをし
てちょっと早めに着替えておいて、心の準備を

Manami Numakura

しておいた方がいいなとか。そういうタイムスケジュールを組んで、その通りに動いていればきっと大丈夫！という風に考えていました。とはいっても、やっぱりずっとそわそわしていたかもしれません。

——出番も後半でしたね。

きっと皆さんが思っていたよりも後半の出番だったので、お客さんも「まだ出ないのか」みたいな気分があったみたいで。アニサマが終わった後に頂いたお手紙には「僕たちも緊張で、出番が終わるまでハラハラしてました」とか、「"まだ"なんだ！と思ってた」と書いてくださった方がいらっしゃいました。私もこんなに後半だとは思っていませんでしたし。

——アニサマのお客さんからはどんな期待を受けているとイメージしていましたか？

むしろ"期待されていない"と思っていました。その上で、どれだけ自分が立ち向かえるかも考えましたし、何かを見せないといけない、と。

でも、メインステージのポップアップで上がっていって、ピンスポットが当たって、「アニサマ、叫べ！」って叫んでから曲が始まったんですが、第一声を発する前、スポットが当たった瞬間に私の名前を呼ぶお客さんの声が聞こえたんです。私の衣装や髪型を見て一瞬で私だと分かってくれた方がいたみたい。私に注目してくれていた人がいたんだ！と思って、この声にはすごく勇気をもらいました。

「叫べ！」はすごくクオリティーの高い曲で、好きになってくれる人がきっといると思える曲調やサウンドです。スピード感があって勢いのある曲ですから、そこに助けられたのも大きいと思いますね。

——3日目は三森すずこさんとのコラボもありました。

コラボもとっても素敵だったんですけれど、

沼倉愛美　35

センターステージでのパフォーマンスが終わった後、二人で花道の下を通って戻って来る時に三森さんが優しく手を握ってくれて、固くなっていた感情がふわ〜っと緩んでいく感じがしました。「終わったな……」っていう感覚はすごくあったんですけども、同時に感動していて。きっと晴れ晴れとした顔をしていたと思います。

——ソロでの今年の出演ではどんな心境の差があったのでしょうか。

今回に限っては、曲を知っているお客さんがいないというのが一番かもしれないですね。1人でステージに立った実績はゼロだし、そもそも声優としての私もお客さんはどのくらい知っているのかが分からない。だから、初めて聴いても「いい曲だな」と思ってもらえることが第一で、そうじゃないとお客さんが夢から覚めてしまいますから。そこは一番の懸念でもあったし、自分の課題でした。

——その世界に入ってしまえばみんなを引っ張っていけるかもしれない、と。

そこまでの自信はなかったですね、ステージに上がるまでは。でも本番までの期間でやるべきこと、やれるだけのことはやりましたし、まずは全力を見せるしかないなと思っていました。

——大規模な音楽イベントは他にもありますが、アニサマの"特別"なところはどこなのでしょう。

長い歴史があるのはもちろんですけど、やっぱり「テーマソング」がある事でその日のライブが一つに繋がっていく感覚が凄く強くありますね。

実際にテーマソングを一緒に歌うのはその日限りですし、リハもその日にしかないから実際にはお話できる方は多くないんですけれども、それでも同じテーマソングを歌うことで"戦友"の様な気分になれるんです。アーティストの間の距離が一気に縮まって仲良くなれる、不思議な力をもっているのがアニサマです。そういう雰囲気づくりをスタッフの皆さんがすごく考えてくれているのを感じます。

3日間、違うセトリのライブをやり切るって本当に大変だと思うんです。ステージの設営やリハーサルも含めて、スタッフの皆さんって一週間くらいさいたま新都心に"住む"んですよ。その上での1日目なんてきっと既に満身創痍な訳で。そこからライブを最後の3日目までやり切ることって想像しているよりずっと大変なことで、だけどそれを毎年やろう！と思える"何か"がきっとあるんだと思うんです。

今まで見たことが無かったんですけど、3日目の朝のテーマソングのリハが終わった後、「最終日だからちょっと気合入れようぜ！」みたいな感じで、スタッフの方々がステージに上がって、スタッフさんだけでそのテーマソングを歌ってたんです。それも、あらかじめ歌詞割りも作ってあって、さらにちゃんとカメラで映してて。それが私たちの楽屋のモニターにも流れてきたんですよ。

それを見て、私は袖じゃなくて客席に回って見に行ったのですが、本当にすごく楽しそうで、見ていて気持ちいいなと思いました。スタッフさんが楽しそうだと、すごくやる気が出るんですよね。そういうところからキャストの空気も良くなるんです。

——これまで出演してきたアニサマから沼倉さんが得てきたものは何でしょうか。

回数を重ねないと見えてこなかった事もありますし、それを見つけられる自分になるまで関わらせていただけているのが、すごくありがたいなと思います。

出演されているアーティストさんも本当にバラエティ豊かで、それぞれのカラーやオーラがあって、アーティスト毎のパフォーマンスやアピールの方法がありますよね。それぞれに今まで自分が触れてこなかった音楽やアプローチがあるから、いつも凄く刺激になっています。アニサマがきっかけで"試してみたいな"と思ったりすることもありました。この規模だからこそ、毎回色んなことを目の当たりにできる。そ

©2012,2016 SANRIO CO.,LTD.　SHOWBYROCK!! 製作委員会 #

れだけの規模になったのはたくさんの方々の情熱があったからだと思っています。

――今後の活動の中で自分がどんなアーティストを目指して行こうと自分なりに考えていらっしゃいますか？

まだ、はっきりとしたものがなくて。個人として活動をする中で、自分に何が出来るのかっていうのがまだ分らない状態なんです。今はまず得意ではないと思っていたところに一歩、足を踏み入れたところです。その中で経験させていただくことを一つ一つ大事にして行けば、その中で獲得できるものもあるでしょうし、積み重ねていけば新しい見方も見つかるかなって。それを繰り返してもう1段階か2段階上がった時に、自分なりのビジョンみたいなものが生まれると思っています。

具体的には……まず、ワンマンライブはやってみたいなと思いますね。

――ファンの方がどういう反応をしてくれるか、楽しみですね。

そうですね。よく「叫べ！」の時に何色のペンライトを振ったらいいですか？って聞かれるんですけど、全然考えてなくて。逆に、この曲を聞いた人がどういう"色"に聞こえたのかを

それぞれの色で見せてもらえたらちょっと面白いかな。

一つの色に染まっているのもきれいなんですけど、たくさんの方がこの曲をそれぞれの色だと感じるんだ、っていう風に皆さんと触れ合うことで、より曲のイメージが深まっていったらいいなと思っています。

セットリスト
8月27日（土）
プラズマジカ (SHOW BY ROCK!!)
M15　流星ドリームライン
M16　青春は Non-Stop！
8月28日（日）
M32　叫べ
M33　Believe（沼倉愛美×三森すずこ）

沼倉愛美

4月15日生まれ、神奈川県出身。『THE IDOLM@STER』我那覇響役、『蒼き鋼のアルペジオ ‐アルス・ノヴァ‐』タカオ役、『SHOW BY ROCK!!』レトリー役、『アルスラーン戦記』アルフリード役、『紅殻のパンドラ』クラリオン役など数多くの人気アニメ作品に出演。2016年10月、『魔法少女育成計画』OPテーマ「叫べ」でフライングドッグよりアーティストデビュー。

©2012,2016 SANRIO CO.,LTD.　SHOWBYROCK!! 製作委員会 #

三森すずこ

インタビュー

7年連続のアニサマ出演。今までのユニットでの出演から一転し、
ソロと沼倉愛美とのコラボでの出演となった今年、
三森すずこが観客の心に残したかったものとは。

三森すずこの世界観を多くの人の心に引っ掛かってくれたら

——7年連続7回目のアニサマでしたが、どんな「刻」でしたか？

すごく贅沢な時間でした。とっても楽しくて。7年連続で出演させていただいているので、もう「夏になったらアニサマがないと！」っていう感じが自分の中にはあって。夏の一大イベントを終えることができてなんだかスッキリした感覚ですね。

1年に一度のお祭りみたいなものなので、その時にしか会えないスタッフさんに会うことができたり、アニサマという場をひとつの基準、ポイントとして、その年の自分の成長をファンの皆さんに見てもらえるのはすごく嬉しいなと思っています。

——ソロでの出演は2014年が最初で今年が2回目になります。ユニットやグループなどと違ってソロで臨むアニサマと言うのはまた別の感覚がありますか？

ユニットやグループだと、メンバー同士が楽屋でずっと盛り上がっていて、さらにお祭り感が増すんですよね。わいわい騒いでいたら、「あれ？もう出番！じゃあステージ行こう！」みたいな感じなんです。

その点ソロだとやっぱり違いますね。ステー

ジ上で自分一人をみんなが見てくれているので、その分すごく緊張感もあるんです。でもそれはそれで「その時間、このステージは自分だけの物！」って独り占めしてるように感じて楽しいです。

——7回連続で出ていらっしゃる中で、印象深い年はありますか？

やっぱり初めてアニサマに出演した年ですね。JAM Projectさんがトリで、そのすごい勢いと熱さが印象に残っています。

会場もみんな「MOTTO！MOTTO！」と盛り上がってて、ああすごいなあ、まるで会場が大きなモンスターになったみたいだなって思いました。サイリュームが波のようにうねっていて。皆さんの声量とも合わさって、圧倒されちゃいましたね。

Suzuko Mimori

――今年のアニサマのパフォーマンスの中で一番テンションが上がったところはどこですか？

　ステージに出た時にみんなが「わーっ！」って言ってくれた時、それまで緊張してたんですけど、吹っ切れましたね。「ああ、楽しい！」と思って。やっぱりこんなに大きな会場で歌うチャンスっていうのは多くないと思うので、楽しもう！と思いました。

――何かこだわりとか、ここを見せようと思ったところは？

　ダンスですね。ダンスと歌を魅せたかったので。「Light for Knight」はカッコいい感じなんですけど、2曲目の「ユニバーページ」はダンスにバレエっぽい要素があったので、一つ一つの手の動きの美しさを見せられたらなと思っていました。

——普段のライブイベントとアニサマを比べて、アニサマでの特別な点はどこでしょうか。

ソロだと本当に自分だけの世界ですけれど、アニサマだと他の色んなアーティストさんのパフォーマンスも見ることができたり、アニサマの時じゃないとなかなかお会いできない先輩のアーティストさんもいらっしゃいます。

自分自身も見ている側の一人として楽しめるっていうのが、アニサマが他のライブと違うところかなと思います。

——デビューして今回で7年目ですね。自分の中でライブやアニサマに対してのアプローチで変わってきた事はありますか？

そんなに7年前と変わったことはないんですけど、その時々のユニット、ミルキィホームズやμ's で、周りに居る人達でも変わることがあると思うんですよね。

でも、アニサマに参加していると「毎年夏のお祭りみたいで楽しい！」っていう気持ちはずっと変わらないです。だから毎年ワクワクしてるし、出演する時はその日一日中ずっと、楽屋に入ってから最後に会場を出る時までがとにかく「楽しい！」っていう感じですね。

——アニサマで初めて三森さんの歌声を聴いたというお客さんいると思います。そういう方に歌声で感じてほしいという所はありますか？

アニサマみたいに色んなアーティストさんやユニット、グループが一緒に出演していると、その中でも三森すずこはこういう雰囲気、世界観なんだというのがより分かりやすく浮き彫りになってくると思うんです。

だから、アニサマが終わって「あ、三森すずこの世界観、ちょっと気になるな」とか「もうちょっと覗いてみたいな」って思ってもらえるように私も毎回努力しています。自分の世界観をどのくらいパフォーマンスの中で出せるかということを今回も心がけたし、それでちょっとでも多くの人が私の事を「ちょっと気になるな」っていう風に心に引っ掛かってくれたらいいなって思っています。

セットリスト
8月28日（日）
M12　Light for Knight
M13　ユニバーページ
M33　Believe（沼倉愛美×三森すずこ）

三森すずこ

6月28日生まれ、東京都出身。響所属。2010年『探偵オペラ ミルキィホームズ』シャーロック・シェリンフォード役で注目を集める。『ゆるゆり』古谷向日葵役、『神様はじめました』桃園奈々生役、『ラブライブ！』園田海未役、『電波教師』柊暦役など数多くの人気アニメに出演。2013年、1st シングル『会いたいよ…会いたいよ！』でポニーキャニオンよりアーティストデビュー。以降シングル6枚、アルバム3枚をリリースし、声優アーティストとして幅広く活動中。

データで探るアニサマファン
イベンターノート・ユーザーアンケート結果より

私たちイベンターノートは、声優・アニメ・アーティストなどのイベントに関わる情報を簡単に検索、登録、管理できる国内最大のWebサービスです。イベンターノートが今回の書籍を製作するにあたり、ユーザーの皆さんに「アニサマ」についてのアンケートを行いました。大変多くの皆さんにご協力をいただきありがとうございます！この章ではまずデータ面からアンケート結果を分析したものを紹介いたします。それぞれの項目についてはアニメロサマーライブから齋藤光二さん（ゼネラルプロデューサー）、高嶋克史さん（プロデューサー）のお二人にお話を伺いました。

アンケート使用統計データ

期間： 2016年11月2日(水) ～ 2016年11月9日(水) 約1週間
対象： イベンターノート利用者、イベント参加者
方法： @eventernote アカウント及びWebサイトからオンラインアンケートを実施
有効回答数： 475件

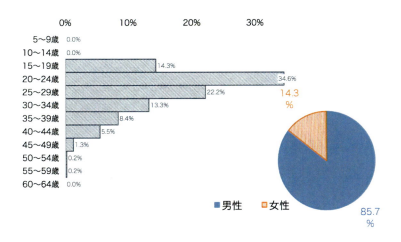

アニサマファンの実態 〜基本データ編〜

◆男女比と年齢構成

　前回(『イベンターノートが声優にインタビューしてみました』収録)のアンケートと比較して女性の比率10.1％→14.3％と多くなっています。

　年齢構成についてはほぼ前回と同じ分布になっており、イベンターの平均的な年齢＝アニサマファン、といえるのではないでしょうか。20代が全体の半数を占めている一方、30台以上が約3割存在しており、多様な年齢層で構成されていることが見て取れます。

> コメント from アニサマ
> アニソンシーンのアーティストが多様化していることを受けて、アニサマのお客さんも色んな層が混在してきていると思います。けやき広場では男女のカップルも見受けられました。「地球防衛部」の時には男性からの声援も大きく面白かったです。

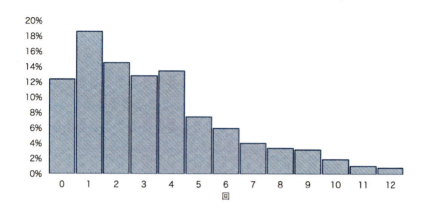

アニサマへの参加回数を教えてください

◆アニサマへの参加回数

　このアンケートでは1年に複数日参加した場合「1」となっています。回答者の88％が参加経験ありとなっています。

　全体の半数以上が過去4回以上アニサマに参加しており、12回、つまり過去全てのアニサマに参加したという回答も1％。確実に「ハコ推し」ファンを掴んでいるのではないでしょうか。

> コメント from アニサマ
> アニサマは出演アーティストもお客さんも、その繋いできた刻やストーリーを楽しむ、といった側面があると思います。

居住地（都道府県）

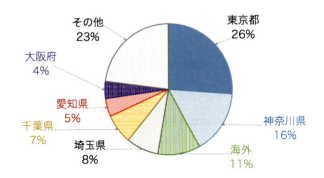

◆居住地

　東京都を中心に首都圏に住んでいる回答者が多いのは前回アンケートと同様でした。ただ、前回３位でさいたまスーパーアリーナからも近い埼玉県が今回は４位（10％→8％）。それにかわって３位に登場したのはなんと「海外」との回答でした。あくまでアンケートの回答者に限ったことなので実際の参加数とは異なる可能性がありますが、海外のアニソンファン、アニサマファンも多いと思われます。アニメ・アニソンの海外での人気が現れている数字です。

> コメント from アニサマ
>
> 最近は出演アーティストの方から、「アニサマ」の存在が海外ファンの間で非常によく知られている、聖地のように語られることがある、というのをよくお聞きします。

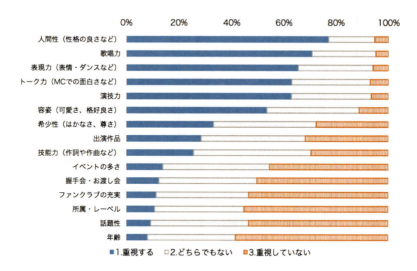

アニサマファンの実態 ～価値観データ編～

◆重視しているのは？

　前回アンケート同様「人間性」が全体の約8割と高くなっています。

　それに続く項目に今回は特徴があり、「歌唱力」「表現力」が上位にあり、「トーク力」を上回っています。アニサマファンはアーティストのパフォーマンスにより注目しているようです。

　もう一つの注目点は「年齢」の低さです。前回アンケートでは約2割と比較的重要視されていたのが、今回は1割程度と明らかに差が見られます。アーティストの年齢にかかわらず音楽を楽しもうというファンが集まるのがアニサマとも考えられます。

コメント from アニサマ

　「人間性」というのは非常に興味深く嬉しい結果です。アニサマに出演されるアーティストの皆さんは、アニサマのお客さんの温かさと同時に、そのステージの怖さも知っています。ということで皆さんが強い思い入れや覚悟を持っていますし、何よりもアニサマに出たい、楽しみたいという気持ちがそのパフォーマンスに自然と出るのだと思います。奥井雅美さんの「ONENESS」のイズムがここにも受け継がれていると思います。

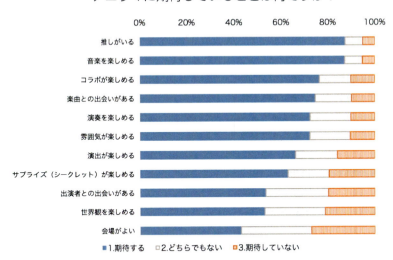

◆期待しているのは？

「推しがいる」ことが上位に挙げられているのは前回同様ですが、それを「重視していない」という回答が5％程度いたことが注目点です。これは前回ほとんどなかった回答であり、アニサマそのものに期待していることがこの数字から見て取れます。

この項目では前回と比較して総じて「重視する」との比率が高かったのも特徴です。特定のポイントではなく、全方位のイベントを期待しているファンの気持ちが現れているのではないでしょうか。

もう一つの注目点は「出演者との出会い」よりも「楽曲との出会い」への期待の比率が高いこと。アニサマファンは「人」以上に「曲」との新しい出会いを期待して足を運んでいると思われます。

コメント from アニサマ

アニサマはシームレスな演出やテーマソングにこだわりがあるのも、全てのアーティストやそこで披露される楽曲を「ハコ推し」になってほしいという想いがあります。

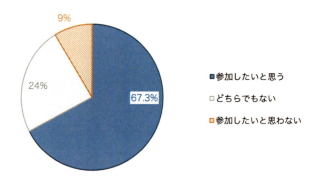

◆今後参加するかどうか

　約7割がまた参加したいと考えており、リピーター＝「ハコ推し」が着実に付いていることを示しています。これまでのアンケート項目も含めて、観客にとって特定のアーティストや楽曲を目当てに来場するというよりも「アニサマを楽しむ」ことが夏の風物詩として定着しているのでしょう。

コメント from アニサマ

リピーターのお客さんは、アニサマは出演する全てのアーティストとお客さんが一体になって作り上げているんだ、といった感覚を共有してらっしゃるんだと思います

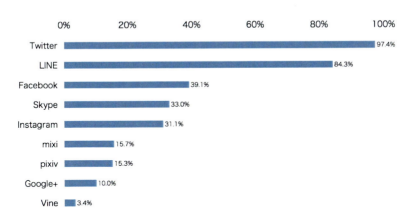

アニサマファンの実態 〜情報収集編〜

◆利用しているSNS

　TwitterとLINEが圧倒的な比率で、これは前回アンケートと同じ結果です。Skypeの比率が下がっているのは、全体のユーザー数が低下していることとも関連しているでしょう。

　一方ユーザー数が増えているといわれるInstagramの比率（21.9％→31.1％）が上昇しているものの、全体の順位では変わらないなど、TwitterやLINE、Facebookなど人とのコミュニケーションを重視したSNSのユーザーが多いことが見て取れます。

> コメント from アニサマ
> アニサマは記者発表の日から、追加アーティストの発表やテーマソングなどで本番まで期待を高めて（予習を楽しむお客さんも沢山いらっしゃいます）、またコンサートが終わっても、それについて仲間と語り合ったりと、常に話題にしたくなる、ような影響力を持ってきたと思います。

イベント情報の取得のために使用している手段

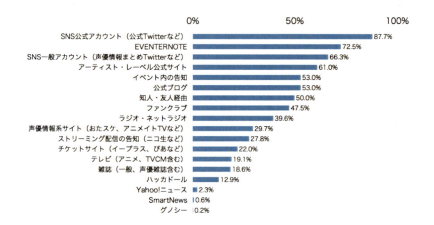

◆情報収集の手段

　ここではSNSからの情報収集がやはり圧倒的に多くなっています。

　特にSNSの公式アカウントからの情報収集が1位であり、アーティストやレーベルの公式サイトも前回より5ポイント程度高いのも特徴です。アニサマファンに限ってではありますが、ニュースサイト等よりも公式アカウント等からの一次情報に重きを置いている傾向が見られます。ニュースアプリや雑誌、テレビのポイントが低いことからも素早く確実な情報を求めているのではないでしょうか。

コメント from アニサマ

最近はアニサマに出演されるアーティストさまの大半がSNSの個人/公式アカウントを持っていて、自らアニサマについて発信して盛り上げてくださっているのが非常に嬉しく思います。

次章では、同じくアンケート結果より自由回答欄にお寄せいただきましたコメントを、できる限り多く掲載させていただきます。データには表れない「生の声」からアニサマファンの実像に迫ります。

生の声からみたアニサマファン

アンケート・コメント欄より

この章ではアンケートの自由回答欄にお寄せいただいたコメントから「生の声」をピックアップしました。こちらも引き続きアニサマからのコメントをいただきました。

その他のイベントの違いについて

アニサマの特徴となっている「転換時間なしの連続性」やその年のアニソンを総合的に楽しめるという点についての言及が多く見られました。「アニサマそのものを楽しむ姿勢が必要」という声は、まさにアニサマ箱推しファンからの視点ですね。

MCをあまりはさまず、出演者が続々と入れ替わりながら展開していく連続性は、他のフェスではあまり見られない。途切れなく楽しめるのはよい反面、特定の推しが目当てで行くと、いつ出てくるのか、とやきもきすることも。(東京都・29歳・男性)

新旧のアーティストが同じ場に立って歌うことが一番アニサマの魅力だと思います。また、アニソン系のイベントの中で最大手のものだと考えています。(埼玉県・31歳・男性)

"今"のアニメソングをこれでもかというほど聞けるところ。声優ばかりとかという意見もあるが、それが"今"のアニソンであるのだから当然のことではないだろうか。"今"のアニメを見ていると最大限に楽しめる"今"のアニソンフェス、それがアニサマだと思う。(栃木県・24歳・男性)

日本最大のアニソンフェスと謳っているだけあって、会場・出演アーティスト数・来場者数、そして何と言ってもファンの盛り上がりは他のイベントでは感じられないものがあります！しかし、イベントの内容で言えば、近年のフェスの増加で様々なイベントが増えている現時点では、正直違いをはっきり言えません。思い入れのあるファンは残っているもののだんだん周りのアニサマ離れを感じているため、イベント内容で何か差別化しなければならないのかなと思います。(東京都・23歳・男性)

アニサマを楽しむには、アニサマというイベントそのものを楽しむという意識が必要かなと思う。推しの出演はアニサマへの参加理由にはなるけれど、推しだけを目当てに行ってもアニサマは楽しめない。何十組も出演者がいる中で、2〜3曲だけを歌う推しを見に行くのは正直コスパが悪すぎる。推しのステージというよりもアニサマという夏の祭典、その雰囲気そのものがイベントの中心にあるものなのかな、と。その中でアーティストや楽曲、別の界隈の文化との出会いがあれば素敵な夏の思い出になるイベントだと思う。(青森県・26歳・男性)

他のイベントとは違い、アニサマは年に一度の特別なイベントだと思っています。事務所やレーベルの枠を越えたコラボがあったり、自分の興味のあるアーティストが一度に楽しむことが出来る点が非常に良い。会場の独特な雰囲気もあり、知らなかったアーティストや推しではないアーティスト、初登場のアーティストに対しても会場が温かく応援し、盛り上がる点からアニサマの特別感を感じています。(神奈川県・24歳・女性)

演者にとっても一種のステータスになりますよね。ワンマンで出来るような規模の開場ではないので、アニサマに立てた！という演者にとってもファンにとっても嬉しいことです。(千葉県・27歳・男性)

コメント from アニサマ

アニサマの原点が2005年だとすれば、アニサマは基本的にまず、その年のシーンを切り出すこと、そしてアーティスト性とオリジナルであることを重視しています。アニメの「タイアップ」曲だけを歌わなければいけない、といったルールは当初から存在していませんでした。
2016年は「刻」というテーマ性があったので、イベントとしてもアーティストの皆さんも懐かしい曲が多くチョイスされましたね。

印象深いエピソードや感想について

アニソンアーティストだけではなく、幅広い出演者のパフォーマンスを楽しむことができるのもアニサマならではです。ペンライトはアニサマだけではなくアニソンライブイベントの定番アイテムとなりました。

推しが出る日のチケットを取ることができなかった際に、知人が「俺の推しはその日いないから譲るよ」と、自分のチケットを私に譲ってくれた。(神奈川県・23歳・男性)

初回の2005年テーマソングのシーンで、水樹奈々さんと愛内里菜さんが手を繋いで笑

生の声からみたアニサマファン　55

顔で歌っていたのを見て感動した思い出。アニメタイアップの曲を歌ってたとは言え、当時はやはり畑が違うアーティストの出演に批判的な声も多く、個人的にも否定的な考えでしたが、手を繋いで一緒に歌ってる光景を見て、なるほどこれが「ONENESS」なのだなと…（山形県・36歳・男性）

アニサマではじめてアニソンイベントに参加したが、ペンライトという文化に衝撃を受けた。J-POP、ロックバンド系によく行っていたので尚更。（神奈川県・25歳・男性）

アニサマに初参加した時の想い出と言うのならば、当時の2日目にangelaのKATSUさんもMCにてお話してましたが、昔アニサマにお客さんとして来ていた方が実際にアニサマのステージに立てたという事例が多いという事を知って物凄く感慨深い気持ちになった事を当時覚えています。その同日に出演していた三森すずこさんも、「かつて2009年のアニサマを見に行ってて、翌年ミルキィホームズという声優ユニットとしてアニサマに出演できた事が自分の中で奇跡のようだ」と仰ってたのもまた印象的ですね。他には黒崎真音さんや、竹達彩奈さん、蒼井翔太さんなどもいらっしゃるそうで、とても頼もしい業界だなあと思い今でもアニメソングを応援させていただいております。（千葉県・20歳・男性）

初めてアニサマに参加したときの興奮は今でも忘れられない。当時の話題のアニメの主題歌も楽しめたし、シークレットゲストでささきいさおさん、水木一郎さん、T.M.Revolutionと、錚々たるメンバーだったのも驚いた。夏の思い出に、と高校時代からの友人4人で青森から車で参加するという、かなりの無茶をしたがそれも今ではいい思い出。イベントだけではなく、その過程も含めて楽しめたアニサマです。（青森県・26歳・男性）

近年は、多くの出演者をなかなか広くカバーすることも難しく、毎年4、5人の友人と共にレンタル等も利用して情報を集めて予習。そこで気に入った曲ができたり気になる人ができたり。アニサマから単独へ行くようになったアーティストもいます。月曜日は有給を取って、終わった後も飲み屋でセットリストを見ながら順に感想を言い合って振り返り。楽しむ準備をすればするだけ楽しめる、夏の一大イベント・お祭りです。（愛知県・34歳・男性）

アニソンと全く関係ないロックバンドの推しが被ってる人とばったり出くわして意気投合して友達になりました。アニサマに来る人はほとんど全員アニメ好きなのでそれ以外

の共通点を発見したときの喜びが大きいです。(東京都・29歳・男性)

コメント from アニサマ

2005年のテーマソングの光景、アーティストの皆さんが手と手をとりあって、そしてお客さんにも「橋を架けて」「一体になる」、これが原点だと思います。今ではレーベルを超えたイベントやコラボは普通のこととなりましたが、アニサマが先駆者として果たした役割は大きかったと思います。そして当初より、アニソンシンガーや声優アーティスト/ユニットに対して、垣根を作らずに推してきた歴史があります。

期待することや改善してほしいことについて

来場者のマナーや参加するためのコストについてのコメントが寄せられました。タイムテーブルの有無については、アニサマの演出の特徴でもある「一日を一つのライブとして考えたセットリスト」をどう感じるかによっても感想が異なるのかもしれません。

昔と比べて出演者が新人や若手ばかりになり、2016年のアニサマに関しては、その年にデビューした人やCD発売前の人が出演するなど新人お披露目のような場になっている印象もあるが、逆に1人では集客力がまだない人達を知ってもらえる新しい場になっていけば良いのではないかと思っています。(神奈川県・19歳・女性)

新しい楽曲やアーティストとの出会いがありますし、万人受けするような知っている曲の数の調整も上手くとれてるように思えますので、このままの方針で良いなと思います。(沖縄県・21歳・女性)

「アニソン」をもっと聞きたい、楽しみたい。売り出し中の若手声優や普段馴染みのないアイドルなどに出会えるのも醍醐味ではあるが、実績あるアーティストによる「アニソン」の割合が最近減ってるように感じる。若手声優、アイドルといった支柱が太くなりすぎて、イベントの本質がゆらいでいるのではないか。(山梨県・29歳・男性)

タイムテーブルはあってもよいのではないかと思う。すべてを連続して見せたい演出意図は十分理解できるが、特定のアーティストだけ見たい、という楽しみ方は否定されるものではないと思うからだ。また、タイムテーブルが無理だとしても、せめてスクリーンに曲名と使用されているアニメのタイトルくらいはクレジットしてほしい。せっかくいい曲に出会えても、その場で曲名が分からないと後で調べるのに苦労する。(東京都・29歳・男性)

参加コストを下げて欲しい。自分が参加していたことろは月額500円ちょっと払えば最速先行で応募できたのに、今はその何倍のコストがかかるんだろうか。これはアニサマに限ったことではなく、アニメ・アニソン関連のイベント全般に言えることだと思う。一部の勝ち組作品、イベントだけに人が集まって、それ以外は死屍累々。アニメやアニソンは多様性というものが重要な要素だと思う。それが失われてしまうのではないかと危惧する。アニソンイベントのトップランナーとして、アニメやアニソンイベントを取り巻く現在の状況にも対して何らかの対応を望みたい。アニサマにそこまで求めるのは酷なことだとは思うけれど。(青森県・26歳・男性)

スーパーアリーナはいいとこですが、位置的には不便。あと会場が地方民にとって離れ過ぎてること。遠方から三日間はきつ過ぎます。社会人はともかく学生とかにはきついと思います。(愛知県・41歳・男性)

どこまで改善できるか分かりませんが、マナーの悪い観客が目立ちます。耳障りな奇声を上げる、自席をはみ出て大きく動く、など。極力、呼びかけや取り締まりをして頂きたいです。(岐阜県・28歳・男性)

コメント from アニサマ

アニサマの根底にある「ONENESS」に共感して頂き、単純な音楽フェスというよりはオリンピックのような雰囲気のアニサマを楽しんで頂ければ嬉しく思います。マナーについては、呼びかけや対策もしておりますが、やはり出来ることは限られます。自分もアーティストの皆さんと一緒にこの「アニサマ」を作っているんだという意識を持って楽しんでいただければと思います。規制ばかりが先行すると折角の楽しい刻と場所が失われることに繋がると考えます。

あなたとアニサマについて

「夏のお祭り」という回答は本当に多くの方からいただきました。アニソンファンにとってアニサマが夏の風物詩としてしっかり定着していることを実感させられます。新しい曲やアーティストとの出会いの場は大切に楽しみたいですね。

夏のお祭り(東京都・41歳・男性)(宮城県・22歳・男性)(愛知県・30歳・男性)など多数

アニソンの夏の祭典。その年のアニソンシーンを横断的にみられる良い機会であり、唯一無二の存在。チケットが高い、とかいう人もいるけども、朝から晩まで楽しめばその分の元は取れると思うのだ。(東京都・29歳・男性)

全てのアニソンフェスの頂点にして王道、初心者にとっての入り口であり新しいアニソンとの出会いの場、ベテランにとっての過去と未来すべてのアニソンを楽しめる場所、個人的には一度行ってみたかった憧れの場所です。（静岡県・29歳・男性）

さいとーぴーさんも仰ってたと思うんですが、「アニソンのオリンピック」ってイメージは確かに強いですね。個人的には「年一回贅沢をして食べに行く限定開店のレストランに行く」ような感じもします。（千葉県・20歳・男性）

新しい世界、価値観、色々なものとの出会いの場。私もそうだったが、あまりイベントやライブに参加したことがない人が一度は行ってみたい！と思うイベントの一つがアニサマではないだろうか。「アニサマが楽しかったから、他のイベントやライブにも参加してみたい」と思う人は少なくないはず。昨今はアニソンの大規模なライブが色々と増えたけれど、そういう意味でアニサマは今でも特別な存在だと思う。（青森県・26歳・男性）

アニサマは、離れたところで暮らしている友人と集まって遊ぶ機会でもあり、新しいアーティスト、楽曲との出会いの場でもあります。そこでの出会いでソロライブにも行くことがあるので、今後も参加して行こうと思います。（神奈川県・28歳・男性）

毎年恒例の夏祭りという感じです。期待をしているので熱くさせてほしいです。熱くなる準備はしています。（埼玉県・26歳・女性）

コメント from アニサマ

アニサマの「スタッフ」はイベント運営側だけではなく、出演されるアーティストのスタッフの皆さん（衣装さん、振り付けの先生、演出家さんまで全てです！）が一緒になって、「今度はどうやってお客さんを楽しませようか、驚かせようか」といったことを長い期間、綿密に打ち合わせて創り上げています。次はどんな切り札を切ってくるか、そんなことも是非楽しみにしていただければと思います。

まとめ

　アニサマについて様々なコメントをいただき、ありがとうございます。アンケートの分析結果やアニサマからのコメントも含め、読者のみなさんにとってのそれぞれのアニサマ像の多様性を発見することができたのではないでしょうか。また今回はアニサマを運営している側からのコメントと合わせてお読みいただくことで、「どのように考えてアニサマを動かしているのか」を知るきっかけになったのではないかと考えています。次回以降のアニサマを楽しむための材料の一つとなれば幸いです。

読者プレゼントコーナー

本書でインタビューを掲載したアーティスト・声優の皆さんのサイン入りチェキとミニサイン色紙を各1名様にプレゼントさせていただきます。

May'n

早見沙織

内田真礼

サイン入りチェキ
① May'n ④ 三森すずこ
② 早見沙織 ⑤ 井口裕香
③ 内田真礼

三森すずこ

井口裕香

申し込み方法

1. 以下のURLで「イベンターノート」にアクセス
https://www.eventernote.com/pages/book_anisama_present
2. イベンターノートにログイン
3. 表示に従って【応募コード】を入力
4. 応募したい声優名とアンケートに記入

★応募締め切り：2017年3月31日

motsu

黒崎真音

沼倉愛美

あとがき

前回の書籍「イベンターノートが声優にインタビューしてみました」の中で行ったアンケートやイベンターノートユーザーの分析をすすめる中で、アニサマの参加数が他の大規模イベントと比較しても図抜けて多いことが見えてきたのが、本書制作のきっかけとなりました。今回はアニメロサマーライブに出演されたアーティストの皆さんへのインタビューを通じて、ファンだけでなくアーティストにとってもアニサマが「特別」なものであることを感じることが出来ました。この本を通じて次回以降のアニサマに新しく参加してみたい、「ハコ推し」になりたいと感じていただければ幸いです。

ミニサイン色紙
⑥ motsu ⑧ 沼倉愛美
⑦ 黒崎真音 ⑨ 黒沢ともよ

黒沢ともよ

プレゼント応募コード
86925414

編者紹介

イベンターノート（Eventernote）

声優・アニメ・アーティストなどのイベントに関わる情報を簡単に検索、登録、管理できる国内最大のWebサービス。国内のアニメ・声優イベントをほぼ網羅しており、登録されている声優・アーティストの数は2万人以上。日付や出演者、会場などによるイベント検索だけではなく、会員登録することで、自分の好きなアーティストのお気に入り登録やこれまでのイベント参加履歴、使った金額等を管理したりするノート機能、Googleカレンダーとの同期やTwitterとの連携等の便利な機能が利用可能になる。月間ユニークユーザー数30万人、登録ユーザー数5万人。https://www.eventernote.com/

◎本書スタッフ
アートディレクター/装丁：岡田章志＋GY
編集協力：深水央、松田昌美
デジタル編集：栗原 翔
イラスト：あかもも

●URLとハイパーリンクについて
本書中に掲載したURLは2016年12月1日現在のものです。サイトの都合で変更されることがあります。また、電子版ではURLにハイパーリンクを設定していますが、端末やビューアー、リンク先のファイルタイプによっては表示されないことがあります。あらかじめご了承ください。
●本書の内容についてのお問い合わせ先
株式会社インプレスR&D　メール窓口
np-info@impress.co.jp
件名に『本書名』問い合わせ係」と明記してお送りください。
電話やFAX、郵便でのご質問にはお答えできません。返信までには、しばらくお時間をいただく場合があります。なお、本書の範囲を超えるご質問にはお答えしかねますので、あらかじめご了承ください。
また、本書の内容についてはNextPublishingオフィシャルWebサイトにて情報を公開しております。
http://nextpublishing.jp/

●落丁・乱丁本はお手数ですが、インプレスカスタマーセンターまでお送りください。送料弊社負担 にてお取り替えさせていただきます。但し、古書店で購入されたものについてはお取り替えできません。

■読者の窓口
インプレスカスタマーセンター
〒101-0051
東京都千代田区神田神保町一丁目105番地
TEL 03-6837-5016／FAX 03-6837-5023
info@impress.co.jp

■書店／販売店のご注文窓口
株式会社インプレス受注センター
TEL 048-449-8040／FAX 048-449-8041

イベンターノートがアニサマ出演アーティストにインタビューしてみました

2016年12月23日　初版発行Ver.1.0（PDF版）

監　　修　アニメロサマーライブ
編　　者　イベンターノート
編集人　　山城 敬
発行人　　井芹 昌信
発　　行　株式会社インプレスR&D
　　　　　〒101-0051
　　　　　東京都千代田区神田神保町一丁目105番地
　　　　　http://nextpublishing.jp/
発　　売　株式会社インプレス
　　　　　〒101-0051　東京都千代田区神田神保町一丁目105番地

●本書は著作権法上の保護を受けています。本書の一部あるいは全部について株式会社インプレスR&Dから文書による許諾を得ずに、いかなる方法においても無断で複写、複製することは禁じられています。

©2016 Eventernote.All rights reserved.
印刷・製本　京葉流通倉庫株式会社
Printed in Japan

ISBN978-4-8443-9739-7

●本書はNextPublishingメソッドによって発行されています。
NextPublishingメソッドは株式会社インプレスR&Dが開発した、電子書籍と印刷書籍を同時発行できるデジタルファースト型の新出版方式です。http://nextpublishing.jp/